HUNDETAGEBUCH

FALLS SIE DIESES BUCH GEFUNDEN HABEN, BITTE HIER MELDEN:

....

....

....

HUNDE INFOS

NAME: ....

RASSE: ....

ALTER: ....

DATUM

DATUM

DATUM

DATUM

DATUM

DATUM
DATUM

DATUM

DATUM

DATUM

DATUM

DATUM

DATUM

DATUM

DATUM

DATUM

DATUM

DATUM

DATUM

DATUM

DATUM

DATUM

DATUM

DATUM

DATUM

DATUM

DATUM

DATUM

DATUM
DATUM

DATUM

DATUM

DATUM

DATUM

DATUM

DATUM
DATUM

DATUM

DATUM

DATUM

DATUM

DATUM
DATUM

DATUM

DATUM

DATUM

DATUM

DATUM

DATUM

DATUM
DATUM

DATUM
DATUM

DATUM

DATUM

DATUM
DATUM

DATUM

DATUM

DATUM

DATUM

DATUM

DATUM

DATUM

DATUM
DATUM

DATUM

DATUM

DATUM

DATUM

DATUM

DATUM

DATUM

DATUM

DATUM

DATUM

DATUM

DATUM
DATUM

DATUM

DATUM

DATUM
DATUM

DATUM

DATUM

DATUM

DATUM

DATUM

DATUM

DATUM

DATUM

DATUM
DATUM

DATUM

DATUM

Impressum:
Jonathan Kuhla
Tempelhofer Ufer 15
10963 Berlin

mail: jonathankuhla@gmail.com